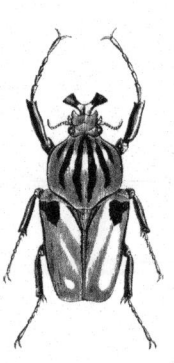

QUEER

POESÍA TRADUCIDA

CHECO

JANA ORLOVÁ
MAGDALENA ŠIPKA
ALEŠ KAUER
RICHARD L. KRAMÁR
JAN ŠKROB
MAREK TORČÍK
ADAM BORZIČ
JAN HORSKÝ
SVATAVA ANTOŠOVÁ
ABHI CHOUDHARY

SELECCIÓN DE ÁNGELO NÉSTORE
TRADUCCIÓN DE HÉCTOR F. SANTIAGO
EDICIÓN BILINGÜE

LETRAVERSAL POESÍA

Letra de molde es una idea que sobrevuela de diez en diez sobre una idea, un propósito, un grupo. Hay veces que un hallazgo lleva a, digamos, Ofelia, y, a partir de ahí todos los textos hablan de un arroyo sinuoso, de una rama partida de un sauce, de las flores purpúreas, de una corona silvestre o de evitar la locura. Y si nos dejamos llevar por esta revelación, esta continuará más allá de la lectura, en la vida misma: la rata urbana sobre el pecho de Ofelia, el charco de petróleo irisado de la gasolinera o el único árbol de tu barrio con la rama caída. Todo está dispuesto para *sostenernos a flote durante un breve rato*: 10 poemas bastan.

Esta antología reúne diez propuestas poéticas contemporáneas traducidas del checo que redimensionan lo queer construyendo nuevos lugares para los afectos, la religión o la relación con los cuerpos. Un libro que guarda bajo el abrigo un puñal con una pegatina de hello kitty para abrir la identidad hacia su libertad más radical y que su sangre reescriba -fresca y multicolor- todos los edenes.

Jana Orlová

Uherské Hradiště (1986)

Es poeta, *performer* e investigadora. Ha publicado hasta ahora tres poemarios: *Čichat oheň* (*Oler el fuego*, 2012), ilustrado por ella misma, *Újedě* (*Cebo*, 2017) y *Neutečeš* (*No escaparás*, 2022). Sus poemas han aparecido también en la antología *Nejlepší české básně* (*Lo mejor de la poesía checa*) en los años 2014 y 2018 y han sido traducidos al polaco, ucraniano, rumano, inglés, chino, hindi, español, árabe e italiano. Concibe el arte de la performance como poesía en vivo. Obtuvo el premio Revelación del Año del Festival Next Wave en 2017 por «cruzar las fronteras de la literatura, el arte y el teatro de forma natural y sin complicaciones», además del premio Dardanica en 2020. Su formación tanto teórica como artística le permite desarrollar su trabajo como comisaria y crítica de arte. A finales de 2021 obtuvo un doctorado en el Departamento de Teoría del Arte de la Academia de Bellas Artes de Praga. Como investigadora, se centra en el arte de la performance y otras formas de arte liminares.

*

Na demonstraci proti supermarketu
začali upalovat nahé dívky
utekla jsem
v cizí košili

*

Miluješ pokrok
Miluješ úhlednost
Jsem jiná generace
Mám ráda retro
Mám ráda špínu
Neznám žvýkačky Pedro
Nezažila jsem komunismus
Jsem jiná generace
Můžu se vymezovat jen vůči konzumu
Jsi jiná generace
Ale šukáš skvěle

*

Můj milenec mrdá až to bolí
můj milenec má rád krev
šampaňské a bílé šatičky
Můj milenec je katolík

*

Když se udělal
utřel péro do utěrky
A já se smála
jaká jsem to hospodyňka!

*

Duše nemá gender

Jsem něco mezi mužem
strojem a planetou

Postavím komoru pro duchy
a ukážu ti, kde lovit v šeru

Vše uvařím ve své krvi
Ostří ztráty, řez lásky

Jsem bílá, nahá, krásná

*

En una manifestación contra un supermercado
comenzaron a quemar chicas desnudas
conseguí escapar
con una camisa que no era mía

*

Te encanta el progreso
Te encanta lo pulcro
Yo soy de otra generación
Me gusta lo retro
Me gusta lo sucio
No conozco los chicles de la marca Pedro
No viví la época comunista
Soy de otra generación
Puedo definirme solo contra el consumo
Tú eres de otra generación
Pero follas genial

*

Mi amante folla hasta que duele
a mi amante le gustan la sangre,
el champán y los vestiditos blancos
Mi amante es católico

*

Cuando terminó de correrse
se limpió la polla con un paño de cocina
A mí me dio la risa
¡Menuda ama de casa estoy hecha!

*

El alma no tiene género

Soy una mezcla de hombre
máquina y planeta

Construiré un cuarto para fantasmas
y te enseñaré a cazar en la penumbra

Lo guisaré todo con mi propia sangre
Cuchilla de la pérdida, incisión de amor

Soy blanca, estoy desnuda, soy bella

Magdalena Šipka
(1990)

Es poeta, teóloga, periodista y activista.
Estudió teología en la Universidad Carolina
de Praga y en la Universidad de Bohemia
del Sur de České Budějovice, donde
continúa sus estudios de doctorado. Ha
publicado sus poemas en las antologías *Hrst*
(*Puñado*, 2013) y *Hledání* (*Búsqueda*, 2014),
además de en diversas revistas. Colabora
con los diarios *Referendum*, *Alarm* y otras
publicaciones periódicas. El poemario
Město hráze (*La ciudad del dique*, 2019)
es su debut en formato libro. Casi de forma
simultánea, se publicó también su traducción
de la teóloga y activista Dorothee Sölle, una
selección de su obra titulada *Daruj mi dar
plačícího boha* (*Dame el don de un dios que
llora*, 2019).

Vina

Jsem dcera bílýho, heterosexuálního muže
který měl byt a bony a byl o sameťáku sexy
vychovaná mezi Barbínama a kolečkáčema
jedničkářka s růžovou sukní a nízkym bmi

Mojí babičce vymazali Židy z rodokmenu
a dědu vyhodili ze strany opatrně a potichu
celou pubertu jsem předstírala heterosexualitu
a myslela si, že si svůj luxus zasloužim

Mám na sobě svoji bílou vinu za to že
nejsem jako němka a pracuju v neziskovce
když mě pustí z policejní stanice
čeká na mě někdo, kdo mě obejme a uvaří mi

Vím vlastně hovno o životě pod úroveň
jsem blíž bezdomovcům než boháčům
ale neumím se bavit ani s jedněmi z nich
nesu si svou bílou vinu za rtěnku a hambáč

Třídila jsem odpad a kupovala si balenou vodu
nerozuměla politice a chlubila se tim
naši se rozvedli kvůli krizi, máme zůstali psi
chudoba je pro mě jen intelektuální zájem

Přežiju první léta ekologické krize
a můžu psát o každý svý bolístce
emancipovala jsem se skrz orgasmus
a opakuju si u zrcadla „jsi hrozná"

Moje bílá vina mě nikam nedostane
chci nakrmit svět svou občankou
teda kreditkou pardon
pořád se učím cítit

Culpa

Soy hija de un hombre blanco heterosexual
que tenía un piso y vales y que era sexi durante la revolución de
[terciopelo
criada entre Barbies y patines
empollona con falda rosa y un bajo índice de masa corporal

A mi abuela le borraron a los judíos del árbol genealógico
y a mi abuelo lo echaron del partido a la chita callando
fingí ser heterosexual durante toda mi adolescencia
y pensaba que me merecía mi lujoso nivel de vida

Cargo con mi culpa blanca de
no ser como una alemana y trabajar en una ong
cuando me sueltan de la comisaría
me espera alguien que me abraza y me cocina

En realidad no sé una mierda de la vida por debajo de cierto nivel
estoy más cerca de los sin techo que de los ricachones
pero no sé relacionarme con ninguno de ellos
cargo con mi culpa blanca por mi pintalabios y mi hamburguesa

Reciclaba la basura y compraba agua embotellada
no tenía ni idea de política y me enorgullecía de ello
mis padres se divorciaron por la crisis, mi madre se quedó con los
[perros
la pobreza no es para mí más que un interés intelectual

Sobreviviré a los primeros años de la crisis climática
y puedo escribir de todos mis dolorcillos
me he emancipado a base de orgasmos
y me repito frente al espejo «eres un espanto»

Mi culpa blanca no me va a llevar a ningún lado
quiero acabar con el hambre en el mundo con mi dni
o sea con mi tarjeta de crédito perdón
aún estoy aprendiendo a sentir

La traducción de este poema es de Patricia Gonzalo de Jesús.

Aleš Kauer

Zábřeh (1974)

Es artista, poeta, *performer*, fundador de la editorial Adolescent y de varios proyectos musicales de vanguardia, organizador de eventos culturales y del festival literario y musical Kvílení. Ha participado en el diseño gráfico y artístico de numerosos libros y revistas. Sus poemas y textos se han publicado en *A2*, *Host*, *Tvar*, *Weles*, *Glosolalia*, *Prostor* y *Artikl*, entre otros. Colabora ocasionalmente como crítico musical en el portal *Deník Referendum*. Sus poemas han sido traducidos al inglés, español, polaco, ucraniano, esloveno y húngaro y se han publicado en diversas revistas literarias y antologías extranjeras. Kniha Zlín publicó en 2011 una selección de sus poemas de juventud. Sus últimos poemarios han sido publicados por Adolescent. Su interpretación de los ciclos de poemas *Heron* (Ivan Martin Jirous), *Imaginists* (Sergej Jesenin), *Understanding* (Václav Havel) y otros, puede escucharse en su cuenta de Bandcamp.

Erot

I.
odhlédnu
od milostných juvenilií
stojíš zády ke květům
nohy jako střecha pantheonu
nad nimiž dva půlměsíce svírají
veškerou krásu světa
na nebi je celý řím
flotilu táhnou napříč půlnocí
stojíš v nakročené cudnosti – nehybný
jako fragment močícího chlapce

II.
zlatě rámovaný oblouk zrcadla –
vnímáš zápas těla
odcházející iluzi vlastní krásy
jak líně a marnivě
leží na tmavém soklu
opřená o lokty
s povolenými stehny
a rozevřeným klínem –
krásným perverzním květem

III.
čekám výrazný motiv
svírám mozartovy koule
sladkost adagia
žesťové serenády
rozteklé v několika minutách
ztracených čekáním

IV.
kliďte se odtud
vy napomádované plémě gymplácké
sbohem už vy hezouni
– libová maso baconovské flákoty –
zhasněte v gymnáziu všechny lustry
abych byl ušetřen cynického stínu
který vám maskuje těla
a rozplývá se v doslovnosti
prostého citu

Erot

I.
me distancio
de los primeros poemas de amor
permaneces de espaldas a las flores
tus piernas el tejado de un panteón
sobre el que dos medias lunas sostienen
toda la belleza del mundo
en el cielo se divisa toda roma
el escuadrón atraviesa la media noche
inclinado con pudor, permaneces inmóvil
fragmento de joven orinando

II.
arco de espejo con marco dorado:
percibes la lucha del cuerpo
la ilusión fugaz de tu propia belleza
cómo descansa a oscuras sobre un pedestal
con total aflicción e insolencia
apoyada sobre los codos
con los muslos abiertos
y el regazo extendido
una hermosa flor perversa

III.
espero un tema relevante
cojo un bombón de mozart
la dulzura de los adagios
y el sonido metálico de las serenatas
se disuelven en pocos minutos
extraviados por la espera

IV.
fuera de aquí
aceitosa camada de instituto
con dios guaperas,
carne magra de filete baconiano,
apagad todas las luces del instituto
para ahorrarme la cínica sombra
que enmascara vuestros cuerpos
y se desvanece en la literalidad
de la simple emoción

*Richard
L. Kramár*
(1995)

Es un esquivo director, dramaturgo, poeta y
performer que intenta eludir constantemente
la singularidad de la autoría en el corazón
irreverente de *Mitteleuropa*. Siente debilidad
por las chicas, los góticos y los homosexuales
y lucha sin descanso por superar un sentido
de la ingenuidad inequívocamente presente
y a la vez totalmente olvidado. Es un
enamorado del lenguaje y acaba de iniciarse
en la tarea de no insistir en que se le proteja
de lo que desea. Sus aspiraciones en la vida
son ser frívolo, promiscuo e intrascendente,
todo ello con una buena dosis de amor. Piscis,
titiritero, entusiasta de la muerte. *Switch,
witch, bitch.*

I.
ber, víčko, však ty to zaplatíš raz kožou!
ženy stejně jako postmoderna
nemají cit pro historii
a moje tělo je Todesbiwak
z ktorého povediem úspešný prvovýstup
ešte pred svitaním
pripnutý so mnou na jednom lane
que sound
Eine Alpensinfonie, Op. 64, TrV 233, Vision:
a celou dobu jsem k tomu chtěl dopsat
že pokud to nemá érotický podtext
tak mě to vlastně vůbec nemůže zajímat

II.
divini occhi sereni
kdykoliv se zastavíme
je to do svatební noci
oči vždy plné vďačnosti a lásky
nezlobíš?
my body is deleting itself
ale jo
jseš pěkná
emotikon :grinning:
červené podrážky kapelníčky sa ani nepohnú
len v rukách puls a dych
a zbor v bordových šatách spieva
et se questa parola par che tocchi
ak chceš večer po ktorom ťa ráno bolia pľúca
don't call me she/her
those are my mother's pronouns

I.

¡toma, lobito, aunque lo acabarás pagando con tu piel!
las mujeres como la posmodernidad
no tienen sentido de la historia
y mi cuerpo es el vivac de la muerte
por el que iniciaré con éxito un primer ascenso
antes del amanecer
amarrado a mí por la misma cuerda
que sound
Sinfonía alpina, Op. 64, TrV 233, Visión:
y hace tiempo que quería dejar claro
que si no existe un subtexto erótico
no hay forma de que pueda interesarme

II.

divini occhi sereni
siempre que paramos
es hasta la noche de bodas
los ojos siempre llenos de gratitud y cariño
¿no te estás portando mal?
my body is deleting itself
pero sí
eres guapa
emoticono *:grinning:*
las suelas rojas de la directora ni siquiera se mueven
tan solo el pulso y la respiración en las manos
y un coro vestido de burdeos canta
et se questa parola par che tocchi
si es que quieres una noche que te haga doler los pulmones en la
mañana
don't call me she/her
those are my mother's pronouns

III.
toho odpoledne jsem se v tom trochu potácel
vzadu po louce
a veľký sivý vlk zastal nad mojim telom
a z mojej panvovej kosti ako z hlbokého taniera
jed jsem, sněd jsem
kým nebol tanier prázdny
a ja som to dovolil
ja som si to doprial
v krvi orchestra hit
v ústach trosky esencializmu
I'm a poor pilgrim of sorrow
otvorte mi zavše dvere aby som sa nasýtil
a zacítil teplo domova
zaslúžim si to
there are two wolves inside of me
and they both wanna fuck

III.

aquella tarde estuve dando tumbos
por el prado de atrás
y un enorme lobo gris se posó sobre mi cuerpo
y de mi hueso pélvico
como si de un plato hondo se tratara
comí y me envenené hasta dejarlo vacío
y lo consentí
me lo permití
con la sangre del éxito de la orquesta
con los labios de un esencialismo en ruinas
I'm a poor pilgrim of sorrow
ábreme las puertas para que me sacie
y sienta el calor del hogar
me lo he ganado
there are two wolves inside of me
and they both wanna fuck

Jan
Škrob

Praga (1988)

Es poeta, traductor y moderador de radio.
Hasta la fecha ha publicado los poemarios
Pod dlažbou (*Bajo el asfalto*, 2016), *Reál*
(*Real*, 2018) y *Země slunce* (*Tierra de sol*,
2021). Fue nominado al premio DILIA
Litera como autor revelación (2017) y al
Premio Jiří Orten (2019), uno de los premios
literarios más prestigiosos de la República
Checa. En 2018 ganó el Premio Dresde de
lírica. Sus poemas han sido traducidos al
inglés, francés, alemán, polaco, neerlandés,
lituano, griego y esloveno. Es miembro de
la Asociación de Escritores y de la Iglesia
Evangélica de los Hermanos Checos, donde
ejerce una importante labor de activismo para
la comunidad queer cristiana.

holomráz

byly konstelace kdy jsme hráli
diablo a dělali teologii osvobození
každý den jsme se
měli jinak pravda a láska musí
zvítězit nad současností měli jsme
vysílačky a kódovou řeč a krycí jména
každý pohyb jsme brali
smrtelně vážně byly konstelace
kdy jsem se v noci vydal na druhou stranu řeky
pod kabátem dýku se samolepkou hello kitty
na lednici jsem nechal krátký
dopis na rozloučenou a doufal
byly konstelace kdy nám šlo o všechno
takže jsme psali blogy zpívali chorály
překračovali hranice
na holou kůži jsme si navzájem
kreslili ukřižovaného krista protože
to jsou nejdůležitější
vzpomínky
byly konstelace kdy jsem nevěřil že se
někam dostaneme a opíjel
jsem se ciderem a nebál
se smrti
byly konstelace kdy jsme
hodně četli bibli i to ostatní a říkali
jsme že hospodin bůh stojí za naší vzpourou
a padal déšť se sněhem a když
jsme šli ven zapínali jsme si
kabáty až ke krku byli jsme
genderqueer a vyhlíželi jaro
byly konstelace kdy jsem třeba
půl dne prospal a když jsem něco říkal
tak jenom potichu
a bez touhy

prý má
udeřit holomráz

helada negra

Eran constelaciones cuando jugábamos
al diablo y estudiábamos teología de la liberación
cada día un humor distinto
y la verdad y el amor deben
vencer al presente teníamos
transmisores y un lenguaje en código y nombres clave
medíamos cada movimiento
con sumo cuidado eran constelaciones
cuando por la noche cruzaba el río
bajo el abrigo un puñal con una pegatina de *hello kitty*
en la nevera dejé esperanzado
una nota de despedida eran constelaciones
cuando todo giraba en torno a nosotros
y por eso escribíamos blogs cantábamos canciones del coro
cruzábamos los límites
en nuestra piel lampiña nos dibujábamos el uno al otro
un cristo crucificado porque
esos son los recuerdos
que de verdad importan
eran constelaciones cuando no creí que
llegaríamos a algo y me emborraché
de sidra y dejó de darme miedo
la muerte
eran constelaciones cuando nos
pasábamos el día leyendo la biblia y todo lo demás y decíamos
que dios nuestro señor apoyaría nuestra rebeldía
y caía aguanieve y cuando
salimos a la calle nos abrochamos
los abrigos hasta el cuello éramos
genderqueer y nos asomábamos a la primavera
eran constelaciones cuando me pasé
como medio día durmiendo y cuando dije algo
así como a media voz
y sin ganas

dicen que va a caer
una helada negra

Marek
Torčík
(1993)

Es poeta y especialista en anglística. Su primer poemario, *Rhizomy* (*Rizomas*, 2016) se publicó tras resultar ganador del Concurso Literario František Halas, que permite a autores noveles publicar su primera obra. Marek Torčík puede considerarse como un poeta experimental, aunque también comprometido. En sus textos, el autor no se muestra como sujeto lírico, sino más bien como un observador entre las sombras. A finales del año pasado publicó su primera novela, *Rozložíš paměť'* (*Flujo de memoria*, 2023), en la que narra su infancia queer.

memory burn

jednou ráno se vzbudíš a na všechno zapomeneš
jako se zapomíná na sen na vlastní rozdíly
brázdy na těle jednou ráno se vzbudíš
zrcadlo v pokoji bude rozbité pod ním dvě těla

ale ani jedno nebude tvoje

odrazy z těla

někdy se v tobě slovo rozloží do věty zamyslíš se nad tím
pár pruhů světla vzduch prázdná stěna stojíš u ní
ze tmy za tebou vystupuje obrys cizího muže
říkáš cizí přestože znáš jeho tvář tělo i pohyb jeho ruky
téhle živé ruky téhle
vzpomínky ještě ji nevidíš napřáhne ji nabídne ti všechno
je tady slyšet i tvé vlastní nádechy a pokud ses propsal až
sem až k tomuhle řádku vzadu za sebou slyšíš tupou bolest tmavé
teplé místo olízneš prsty sáhneš k páteři

memory burn

te despertarás una mañana y lo olvidarás todo
como se olvida un sueño las diferencias insalvables
las marcas de un cuerpo te despertarás una mañana
dos cuerpos bajo el espejo del dormitorio hecho añicos

pero ninguno de los dos será el tuyo

reflejos de un cuerpo

hay ocasiones en las que la palabra se te desdobla en oraciones le das
                                                     [vueltas
dos franjas de luz el aire una pared vacía y tú de pie junto a ella
tras de ti se alza de entre las sombras la silueta de un hombre
                                             [desconocido
dices desconocido aunque conoces su rostro su cuerpo y el
                                        [movimiento de su mano
esa mano viva ese
recuerdo aun no puedes verla se extiende se te ofrece por completo
se puede escuchar hasta tu propia respiración y si escribieras
hasta aquí hasta esta precisa línea escucharías a tus espaldas un dolor
                                             [sordo
un lugar oscuro cálido pasas los dedos alcanzas la espina dorsal

Adam Borzič
(1978)

Es poeta, ensayista, terapeuta, redactor jefe de la revista literaria *Tvar* (2013-2023) y cofundador del grupo poético Fantasía, con el que publicó una antología homónima (2008). Ha publicado hasta el momento los poemarios *Rozevírání* (*Apertura*, 2011), *Počasí v Evropě* (*El tiempo en Europa*, 2013), con el que fue nominado al premio Magnesia Litera en el año 2014, *Orfické linie* (*Versos órficos*, 2015), *Západovýchodní zrcadla* (*Espejos del este y del oeste*, 2018) y *Šišky se za úsvitu lstivě smějí* (*Las piñas se ríen con sorna al amanecer*, 2020). Sus poemas han sido traducidos a numerosos idiomas. Entre sus traducciones destacan la edición en serbio de la antología titulada *Vreme u Evropi i druge pesme*, con traducción de Biserka Rajčić (*El tiempo en Europa y otros poemas*, 2019), y la publicación austriaca del ciclo *Dějiny nitě*, en edición bilingüe checo-alemán (*La historia del hilo*, 2020). *Legendy* (*Leyendas*, 2022) es su último poemario publicado.

Muži ve španělském gay pornu

Muži ve španělském gay pornu
Mají vlasy a jsou to vlasy
Mají strniště a jsou to strniště
Mají těla a jsou to těla

Muži ve španělském gay pornu
Překonají porno
Celí tak sálají, že se nelze jen soustředit
Na povinné penisy

Muži ve španělském gay pornu
Vychrstnou jeden druhému do tváře semeno
A není to laciná smetana
Po neholených tvářích jim stéká
Zpěněný život

V tom vidím jistou naději

Mému muži já vítr

V představách přejíždím po tvé chlupaté hrudi,
zatímco ty rozezníváš své nové struny,
v té jemné hodině tak nevinný a osamělý,
nikoli osamělý, spolčený s hudbou, která prostupuje
šero
pokoje.

Někdy pronikám pod tvoji kůži, která zná z vlastní ruky
imigrantské hrůzy, neviditelně svým srdcem vstupuji
do těch dlouhých chodeb paměti, vždycky mnou projede
neznámě známá bolest. Ale cítím také les, borovičí,
chloupky stromů, vůni borůvek a lesních jahod.
Dnes
chci ale vyprávět,

nikoli o tvém smutku, ale o tvé kráse. O tvé hřejivé
plachosti, o tom, že i když s tebou poezie mluví
elegantním jazykem melancholie, pod tím smutkem
je v tobě víc života, než tušíš.

Los hombres en el porno gay español

Los hombres en el porno gay español
tienen pelo, y ese pelo es de verdad
tienen barba de tres días, y esa barba de tres días es de verdad
tienen cuerpo, y ese cuerpo es de verdad

Los hombres en el porno gay español
están por encima del porno
brillan con tal intensidad que resulta imposible concentrarse
solo en los ineludibles penes

Los hombres en el porno gay español
se echan el semen a la cara unos a otros
y no se trata de cualquier crema barata
por sus rostros sin afeitar les chorrea
la vida en forma de espuma

Y al verlo confirmo que hay esperanza

A mi hombre yo el viento

En mis pensamientos atravieso el vello de tu pecho
mientras tú afinas tus cuerdas nuevas,
en esa hora liviana, tan libre de culpa, tan ausente
más que ausente, abstraído por la música que se funde
en la penumbra
de la habitación.

A veces me cuelo bajo tu piel, que conoce de primera mano
los horrores de la inmigración. Mi corazón me lleva a escondidas
hacia las prolongadas escaleras de la memoria, siempre me asalta
no sé cómo un malestar reconocible. Pero puedo sentir también el
[bosque, los pinares,
las púas de los árboles, el aroma de los arándanos y las fresas silvestres.
Hoy
no quiero sin embargo narrar

tu tristeza, quiero hablar de tu belleza. De tu forma cálida de ser
distante, de que aunque la poesía te nombre
con el lenguaje elegante de la melancolía, bajo esa tristeza
hay en ti más vida de lo que te imaginas.

Jan Horský

Česká Lípa (2000)

Estudia Lengua y Literatura Checas en
la Facultad de Filosofía y Letras de la
Universidad Carolina de Praga y trabaja en
el Instituto de las Artes y el Teatro. Cuenta
con una mención del jurado del Concurso
Literario František Halas. Organiza ciclos de
lectura de poesía principalmente en Česká
Lípa y ha publicado en la *Revue Prostor* y la
revista *Ink*.

A moje ruce (tělo se podobá poušti)

Oslovuju se generickým maskulinem
jen tak ze zvyku
stát se purpurem a
(však jsem taky ze svého těla)
kdybych mohla vypla bych
barvu

       barvu

             barvu

Venku hrudí bouře
Skrz

       naskrz
přímo do sedel
děti se nadechnou když vjíždí do tunelu
přímo do

         a moje ruce míří jedna nahoru druhá
hledá stín
Sgrafito orosené náměstí a
(tělo se podobá poušti)

Venku hrudí bouře a
okusuje prstům nehty
skrz
Mou dobou (čas nemám) prorostl pelyněk
v zubech mi cinkají dlažební kostky
Budoucnost není v nás
krky cimbuří i u Vltavy (před i za)
moje blízkost jsou jen mimikry
Co je komu do nás?

Smiřuji dálku
s dálkou

kapradí tu dýchá po dveřích
dveře seschlé na kost
dveře seschlé na

mezi sys a diastolou
roste magistrála
A moje ruce (tělo se podobá poušti)
smiřují dálku
s dálkou

Y mis manos (el cuerpo se asemeja a un desierto)

Utilizo el masculino genérico
por pura costumbre
volverse púrpura y
(aunque también estoy hecho de mi cuerpo)
si pudiera disiparía
el color

        el color

              el color

Afuera se avecina una tormenta
de un extremo

             a otro
directa a los collados
los niños cogen aire cuando entran en el túnel
directa a

        y mis manos una apunta hacia arriba y la otra
busca la sombra
El esgrafiado de una plaza cubierta de rocío y
(el cuerpo se asemeja a un desierto)

Afuera se avecina una tormenta y
se muerde las uñas de los dedos
por completo
Mi época (tiempo no tengo) está cubierta de ajenjo
los adoquines castañetean mis dientes
El futuro no depende de nosotros
hay cuellos de almenas hasta en el río Moldava (a uno y otro lado)
soy cercano solo por imitación
¿a quién le importamos?

Ajusto la distancia
con distancia

un helecho respira en el umbral
la puerta está roída hasta los huesos
la puerta está roída hasta

entre sís y diástole
atraviesa una arteria principal
Y mis manos (el cuerpo se asemeja a un desierto)
ajustan la distancia
con distancia

Svatava Antošová

Teplice (1957)

Escribe poesía, prosa, teatro y ensayo. Colabora desde finales de los años 80 con el Grupo Literario XXVI, del que ha editado alguna de sus antologías. De 2009 a 2020 trabajó como redactora de la revista *Tvar*. Entre los años 70 y 80 publicó sus poemas de forma clandestina. Ya después de 1989 pudo hacerlo en numerosas revistas literarias y antologías. Influenciada por la generación Beat y la música rock, su poesía está plagada de experiencias carnales y alucinatorias.

Slzy

Dvě noci spolu budeme
pak pošlou na nás psy
Už teď jsou slyšet v údolí
- a co teprve potom

Měla jsi pravdu
když jsi říkala
abychom nejdřív přešly
přes hory
a až tam se podělily
jedna o druhou

Měla jsem pravdu
když jsem nechtěla
Na přechod síly nám už chyběly
takže se prosím nehádej
čí je to vlastně zásluhou

že ještě dvě noci spolu smíme být
než pošlou na nás psy
Až sem nahoru doběhnou
může to vypadat i takhle:

Prvnímu hrdlo prokousnu
druhý o tebe si zlomí čelist
třetí se na nás zadívá
a ani nepohne se
Své oči v slzách vykoupe

a pak nám z nich dá
trochu napít
Co myslíš?
Bude to od něj pouhá lest
anebo nás doopravdy
nebude chtít zabít?

Dvě noci spolu budeme
pak odpověď k nám přijde sama
Už teď pro sebe ale pláčeme
- a co teprve potom

Lágrimas

Pasaremos dos noches juntas
luego soltarán a los perros
Ya se oyen por el valle:
y después qué

Tú tenías razón
cuando dijiste
que debíamos cruzar primero
la montaña
y una vez allí compartirnos
la una con la otra

Yo tenía razón
al negarme
Ya en el cruce nos fallaban las fuerzas
así que deja por favor de discutir
sobre quién tiene la culpa

que todavía nos permiten pasar dos noches juntas
antes de soltar a los perros
Cuando lleguen corriendo hasta aquí arriba
la escena podría ser así:

Morderé las fauces del primero
al segundo le romperás la mandíbula
el tercero se nos quedará mirando
inmóvil
Lo salvarán sus ojos llenos de lágrimas

y de ellos dejará después
que bebamos un poco
¿Qué piensas?
¿Nos estará tendiendo una trampa
o será cierto
que no quiere mordernos?

Pasaremos dos noches juntas
la respuesta llegará después por sí sola
Pero ahora es por nosotras que lloramos:
y después qué

Abhi Choudhary

Es un artista que aborda el sonido y sus variables de propagación desde diversas posiciones: diseñador de sonido, compositor musical, intérprete audiovisual y docente. Explora enfoques compositivos y performativos en la música electroacústica, donde convergen orígenes sonoros diversos e interfaces visuales.

Sobre la obra: TouchyFeely's es una orquesta de datos sonoros que interpreta partituras en vivo utilizando el audio de Google Translate como instrumento. Las partituras, diseñadas para ser escaneadas con la cámara, están compuestas en un 'pidgin' digital creado en un smartphone, incorporando símbolos inventados y puntuaciones modificadas de varios idiomas. A través del azar y juegos de 'codificación', TouchyFeely's desafía la identificación de datos y crea composiciones aleatorias, explorando las complejas conexiones entre los datos, los intérpretes humanos y la inteligibilidad. Para interactuar con el texto, sólo tienes que escanear los textos usando la cámara de Google Translate.

స

స

స

స

 చుచుచుచుచుచుౖయుయుయుయుయుయుౖౖకఆఆఆఆర (

POESÍA *QUEER* TRADUCIDA
CHECO

© LETRAVERSAL
2024

Colección: Letra de molde, 1
Primera edición: noviembre 2024

©2024, de los poemas,
Jana Orlová · Magdalena Šipka · Aleš Kauer
Richard L. Kramár · Jan Škrob · Marek Torčík · Adam Borzič
Jan Horský · Svatava Antošová · Abhi Choudhary

©2024, de la traducción, Héctor F. Santiago
Selección y edición: Ángelo Néstore
Diseño: Martín de Arriba
Ayuda a la edición: Noa González Sirgado
Corrección: Kateřina Chromková

ISBN: 978-84-128275-3-8
THEMA: DC DCQ
Depósito legal: MA 2469-2024

Impreso en España por Safekat · Printed in Spain
Bajo el cuidado de Rubén González Domínguez

LETRAVERSAL
www.letraversal.com

Este libro se ha publicado con el apoyo
del Centro Literario Checo y la Biblioteca de Moravia.